agent

handboeien

reistas

AVI:	M4
Leesmoeilijkheid:	samenstellingen van zelfstandige naamwoorden (fietshelm, reistas)
Thema:	zwerfhond

W Zwijsen

Dirk Nielandt
Kaspers geheime hond

met tekeningen van Paula Gerritsen

Bikkels

Naam: *Kasper*

Ik woon met: *mams en mijn kleine zus Luna*

Dit doe ik het liefst: *met de hond van oom Rik spelen*

Hier heb ik een hekel aan: *mijn kamer opruimen*

Later word ik: *dierenarts*

In de klas zit ik naast: *Teun*

De straathond

Kasper droomt al lang van een hond.
Maar mama wil geen huisdier.
Ze vindt het thuis al druk genoeg.
'Jij en je zus maken al zoveel rotzooi.
We wonen te klein voor een dier erbij.'

Het is woensdag.
Dan hebben Kasper en Luna de middag vrij.
Mams werkt.
Paps woont in een andere stad.
Ze zijn dus alleen thuis.
Maar dat zijn ze gewend.
Kasper vermaakt zich wel.
Hij gaat dan vaak bij een vriend spelen.

Kasper pakt zijn fiets uit de schuur.
Hij fietst naar zijn goede vriend Teun.
Teun heeft een gekke hoed.
Die wil Kasper wel eens zien!

Plots rent er een hond over de straat.
Kasper moet hard remmen, anders valt hij.
De hond kwispelt en kijkt hem blij aan.
Wat een mooi beest, denkt Kasper.
Hij aait de hond over zijn kop.
Het dier heeft geen halsband.
Zou het een zwerfhond zijn?

Er wandelt een vrouw voorbij.
Ze heeft een rode handtas bij zich.
'Is dat jouw hond?' vraagt ze streng.
'Dat beest zwerft hier al dagen rond.
Hij poept in onze voortuin.'
Kasper vergeet na te denken.
'Ja, het is mijn hond,' flapt hij eruit.
'Neem dat rotbeest dan maar snel mee.
Wij zijn hem liever kwijt dan rijk.'
De vrouw wandelt boos weg.

Kasper kijkt naar de hond.
Het is een heel mooi dier.
Hij geeft hem een dikke knuffel.
'Jij mag bij mij komen wonen.
Ik noem je Kwispel!'

Kwispel

Kasper laat de hond aan Luna zien.
Ze is bang voor honden.
Ze roept:
'Je mag hem van mama nooit houden!'
'Mams hoeft er niks van te weten.
Ik geef de hond een plek in de schuur.
Daar komt ze haast nooit,' zegt Kasper.
'Ik vertel het haar lekker wel!'
Kasper smeekt haar dat niet te doen.
'Je krijgt mijn voetbal als je niks zegt!'
Dat vindt Luna prima.
Ze belooft er niks over te zeggen.

Kasper maakt in de schuur een hoek vrij.
Hij legt er een oude deken op de grond.
Hij haalt geld uit zijn spaarpot.
Daar koopt hij een blik voer van.
Kwispel vindt het heel lekker.
Hij bedankt Kasper met een paar likjes.
Kasper is heel blij met zijn hond.
Het is een aardig beest.
Maar hij moet braaf in de schuur blijven.

Mama komt straks thuis van haar werk.
Ze mag Kwispel niet zien of horen.
Kasper geeft de hond nog een bak water.
Hij aait hem over zijn kop.

Plots hoort hij mams in de tuin roepen:
'Kasper, ben je daar?'
Kasper schrikt.
Hij haast zich naar buiten.
Hij doet snel de deur van de schuur dicht.
'Hoi mams!'
'Heb je je huiswerk al gemaakt?'
'Doe ik meteen,' zegt Kasper snel.
Hij holt naar binnen.
Mama kijkt hem verbaasd na.
Dit is ze niet gewend.
Meestal moppert hij over zijn schoolwerk.

Stil, Kwispel!

Mams staat in de keuken te koken.
Ze kijkt vaak naar buiten, naar de tuin.

Kasper komt uit de woonkamer.
'Roer jij even in de sauspan?' vraagt ze.
'Ik hoor buiten de hele tijd geblaf.
Net of er een hond in de schuur zit.'
Kasper schrikt.
'Ik eh... ik ga wel even kijken.'

Hij haast zich naar de schuur.
Kwispel springt blij tegen hem op.
Hij likt zijn gezicht nat.
'Je moet stil zijn, hoor,' zegt Kasper.
'Als mams je ziet, moet je weg.
Dan word je weer een straathond.'
Kasper doet de schuur dicht en gaat naar
mams.

'Er zit geen hond in de schuur.
Maar ik hoor er wel een bij de buurman.'
'Wat gek, die heeft toch geen hond?'

'Maar mams!' lacht Kasper.
'Er kan toch wel iemand op bezoek zijn?
Iemand met een hond!'
'Je hebt gelijk,' lacht ze.
'Weet je wat ook gek is?' zegt ze.
'Ik ruík nu zelfs al honden!'
Kasper schrikt.
Zijn kleren ruiken naar Kwispel.

Kasper gaat vroeg naar bed.
Mams zit nog tv te kijken.
Plots hoort hij Kwispel blaffen.
Oh nee, straks hoort mams hem ook!
Dan ontdekt ze Kwispel in de schuur.

Kasper sluipt stil de trap af.
Hij glipt stiekem naar buiten.
Hij loopt door de tuin naar de schuur.
Kwispel is dolblij om hem te zien.
Die arme hond moet vast plassen.
Kasper wil hem graag uitlaten.
Maar Kwispel heeft geen halsband.
Ik kan touw om zijn hals doen,
denkt Kasper.

Hij zoekt een stuk touw.
Luna heeft nog ergens een springtouw.
Maar Kwispel ontsnapt.
Hij duwt met zijn snuit het tuinhek open.
Hij rent de straat op.
Kasper schrikt en rent achter hem aan.
Hij valt bijna over de tuinmuur.
Hij blijft ook haken aan een stuk waslijn.
'Kwispel, kom terug!' roept hij.
Maar de hond luistert niet.
Hij snuffelt aan een boom.
Dan doet hij een plas.
'Kom hier, kom!' roept Kasper.
De buurvrouw kijkt uit het raam.
Ze ziet Kasper op blote voeten staan.
Wat zal ze wel niet denken!

Kwispel heeft een plas gedaan.
Hij loopt terug naar Kasper.
Maar plotseling draait hij zich om.
Hij gromt boos naar een fietser ...

Help!

Er fietst een man voorbij.
Hij heeft een fietshelm op zijn hoofd.
Kwispel gromt boos naar de man.
'Niet doen!' zegt Kasper streng.
De man fietst snel verder.
'Kom, we gaan terug naar huis ...'
Maar Kwispel luistert niet.

Hij rent achter de man op de fiets aan.
Hij gaat de hoek van de straat om.

Kasper rent achter de hond aan.
Het is donker, dus hij ziet niet veel.

Daar is Kwispel!
Hij staat voor een voordeur te grommen.
Van de man is geen spoor meer te bekennen.
Zijn fiets staat tegen de tuinmuur.
'Kom hier, Kwispel!' roept Kasper.
Maar de hond luistert niet naar hem.
Hij blijft boos grommen bij de deur.
Kasper gaat bij hem staan.
'Hou daarmee op!' zegt hij boos.

Dan zwaait ineens de voordeur open.
Daar staat de man met de fietshelm.
Hij pakt Kasper bij zijn schouders.
'Scheer je weg,' sist hij boos.
'En neem je hond mee!'

Maar Kwispel gaat snel naar binnen.
Hij glipt tussen de benen van de man door.
'Wat bezielt dat beest?' roept de man.
Hij loopt achter de hond aan.
Kasper aarzelt, wat moet hij nu doen?

De voordeur staat nog open.
De gang staat vol rommel.
Er hangt een tuinslang aan de kapstok.
Rare snuiter, denkt Kasper.

'Kwispel, kom hier!' roept hij.
Plotseling rent Kwispel naar buiten.
Hij heeft een reistas in zijn bek.
Hij vlucht ermee weg.
De man rent boos achter Kwispel aan.
Hij probeert de hond te pakken.
Maar Kwispel is hem te snel af.

Kasper begrijpt er niets van.
Wat bezielt Kwispel?
Waarom steelt hij die tas?

Dan grijpt de man Kasper vast.
'Kleine dief!' sist hij boos.
'Breng mij naar je hond!
Ik wil mijn reistas meteen terug.'
Kasper probeert zich los te rukken.
Maar de man houdt hem stevig vast.

'Het is mijn hond niet,' roept hij.
'Het is een zwerfhond!'
'Je liegt,' roept de man.
'Jij geeft mij gauw die tas terug,
anders laat ik je niet vrij!'

De buit

Kasper moet van de man naar huis toe.
Hij moet de tas gaan halen.
Kasper loopt terug naar huis.
De man volgt Kasper.

Maar dan ziet hij mams met Luna.
Er loopt een agent naast hen.
Ze waren Kasper kwijt!
Kwispel is ook bij hen.
Hij loopt met mama mee.
De agent draagt de reistas.
De man ziet dat.
Hij draait zich om en vlucht weg.
Maar Kwispel begint ook te rennen.
Hij loopt luid blaffend achter de man aan.
Hij springt tegen de rug van de man.
De man valt op de grond.
Kwispel staat over hem heen.
Hij gromt boos.
De man durft niet meer te vluchten.
De agent doet hem handboeien om.
In de reistas zit veel geld.

'De man is een dief,' zegt de agent.
Hij vertelt dat Kwispel geen zwerfhond is.
Het is een boevenhond.
Dat is een hond die boeven opspoort.

De agent kent Kwispel.
Hij vertelt Kasper:
'Het baasje van Kwispel had een ongeluk.
Hij ligt nu in het ziekenhuis.
Zijn hond ging toen zwerven.'

Het was goed dat Kasper hem eten gaf.
Kasper heeft de hond gered.
Mams is dus niet boos op hem.
Dankzij hem is de dief gepakt.
Als het baasje van Kwispel weer beter is,
moet Kwispel terug naar zijn eigen huis.
Nu mag hij nog bij Kasper blijven.
Nog een paar dagen.

Zo heeft Kasper dan toch een eigen hond.
Al is het maar voor een paar dagen ...

Wil je meer lezen over Teun en zijn gekke hoed op pagina 8? Lees dan 'Alles in de hoed'. Teun vindt een hoed waar hij van alles in kan doen: een koekje, een boek, een auto. Maar de spullen komen niet meer terug! Wat is dat voor hoed?

In deze serie zijn de volgende Bikkels verschenen:

Kaspers geheime hond
Alles in de hoed
Sjors en de vuurman
Nina, opa en de zee
De schat van de zeerover
De vliegfiets
Op reis met oom Hein
Kootje de kok

zwerfhond

Toegekend door Cito i.s.m. KPC Groep

1e druk 2007

ISBN 978.90.276.7246.9
NUR 282

© 2007 Tekst: Dirk Nielandt
Illustraties: Paula Gerritsen
Vormgeving: Rob Galema
Uitgeverij Zwijsen B.V., Tilburg

Voor België:
Zwijsen-Infoboek, Meerhout
D/2007/1919/445